Pocketbook Adminis[...] de Redes con Linux

Zico Pratama Putra

Kanzul Ilmi Press

2018

Primera impresión: 2018

ISBN-13: 9781726830430

Kanzul ilmí Press

Calle.

Londres, Reino Unido

Librerías y mayoristas: Por favor, póngase en contacto con Kanzul ilmí Prensa de correo electrónico

zico.pratama@gmail.com.

Reconocimientos de marcas

Todos los términos mencionados en este libro que se sabe que son marcas comerciales o marcas de servicio se han capitalizado adecuadamente. Linux, Inc., no puede dar fe de la exactitud de esta información. El uso de un término en este libro no debe considerarse que afecta a la validez de cualquier marca registrada o de servicio.

Linux es una marca comercial propiedad de Linus Torvalds.

A menos que se indique lo contrario en este documento, ninguna de las marcas comerciales de terceros que puedan aparecer en este trabajo son propiedad de sus respectivos propietarios y las referencias a la marca de terceros, logotipos u otra imagen comercial son sólo para fines demostrativos o descriptivos

Información de pedido: descuentos especiales están disponibles en compras al por mayor por las corporaciones, asociaciones, educadores y otros. Para más detalles, póngase en contacto con el editor en la dirección antes indicada.

Contenido

Administrador de la red Linux / Configuración de la red

La instalación del adaptador de red

Tarjetas de red a menudo se detectan en el arranque. Si este no es el caso, será cargar los módulos correspondientes.

Para obtener una lista de las interfaces de red que se han detectado, puede utilizar el comando

ifconfig

Las secciones que comienzan con ethX juego las tarjetas ethernet donde X es el número de la

tarjeta. Si no se detecta la tarjeta, se carga el módulo con el comando

modprobe <nombre del módulo>

Algunos módulos comunes se pueden señalar: ne2k-PCI para tarjetas NE2000, a través de-rin, RTL8139 ...

Los módulos disponibles para su núcleo se encuentran en / lib / modules / <nombre del núcleo> / kernel /

drivers / / red. El siguiente comando muestra los módulos de red disponibles para el kernel en uso:

ls / lib / modules / `uname -r` / kernel / drivers / net /

Para obtener el nombre del módulo en función de la razón social de una tarjeta, una búsqueda en Internet es a menudo la mejor solución.

El núcleo puede proporcionar información útil sobre las tarjetas de red. Mensajes que contienen uno

puede buscar "eth0" para obtener más información sobre la primera tarjeta de red detectada:

dmesg | eth0 grep

El siguiente comando muestra las tarjetas de red conectados al bus PCI :

lspci | grep Ethernet

Configuración de la interfaz de red

Una vez que su tarjeta reconocido por el kernel, debe al menos especificar la dirección IP y la máscara de subred del mapa de subred. En el caso de una red local conectada a Internet, también debe agregar la dirección IP de la dirección IP de pasarela y de uno o más servidores DNS.

dirección IP

Para asignar una dirección IP a una interfaz de red, puede utilizar el comando ifconfig:

ifconfig <interfaz> <dirección IP>

Por ejemplo :

ifconfig eth0 192.168.1.12

los máscara de subred se determina automáticamente de acuerdo con el dirección de clase IP. Si es

diferente se puede especificar con la opción de máscara de red:

ifconfig eth0 192.168.1.12 netmask 255.255.255.128

Para ver si se ha configurado la tarjeta de red, puede utilizar el comando:

ifconfig eth0

Gateway y enrutamiento

Para añadir una puerta de entrada, se puede utilizar el comando de la ruta:

route add default gw <dirección IP>

Para ver las rutas a diferentes redes:

route -n

Prueba de la red

Para probar si la tarjeta de red está funcionando, podemos tratar de comunicarse con otra máquina con el comando

ping <dirección IP>

El comando ping envía un paquete a la dirección IP y espera a que la máquina responde. A continuación, muestra el tiempo que tomó toda la operación, en milisegundos.

interfaces de información

Para comprobar el estado de todas las interfaces que puede utilizar el comando

netstat -a

Nombre de host (nombre de host)

El archivo / etc / hostname contiene el nombre de la máquina. Sólo editarlo para cambiar el nombre de host de la máquina. Este cambio no se toma en cuenta inmediatamente por el sistema. Será la próxima vez que la máquina o después del lanzamiento:

/etc/init.d/hostname.sh

También puede cambiar el nombre de host con el siguiente comando, pero no va a ser guardado en el siguiente arranque:

nombre de host <nombre de host>

Configuración automática en el arranque

Los / etc / network / interfaces para configurar de forma permanente NIC.

Por ejemplo :

auto lo
iface lo inet loopback

auto eth0
iface eth0 inet static
    address 192.168.1.2
    netmask 255.255.255.0
    gateway 192.168.1.1

Esta configuración inicializa automáticamente las interfaces "LO" y "eth0".

La interfaz "lo" es a menudo esencial para el sistema, es importante para inicializar. Lo hará de forma sistemática la dirección IP 127.0.0.1.

La interfaz "eth0" será configurado con la dirección 192.168.1.2 IP, máscara de subred 255.255.255.0 192.168.1.1 y la puerta de enlace (esto es opcional).

Si eth0 a configurarse automáticamente por un servidor DHCP, debe especificar:

auto eth0
iface eth0 inet dhcp

Para cambios en este archivo surtan efecto, reinicie o utilizar el ifupdown comandos. Por ejemplo :

ifup eth0

Sede de resolución de nombres

El /etc/host.conf especifica cómo se deben resolver nombres (es decir, cómo pasar de una dirección IP a un nombre, y viceversa). Por ejemplo :

Primera traducción automática con los servidores DNS y luego con / etc / hosts. bind
orden, hosts

Hay máquinas con múltiples direcciones
multi en

Verifica IP spoofing es nospoof

Los servidores DNS

/etc/resolv.conf contiene las direcciones IP de los servidores DNS. Por ejemplo :

nameserver 208.164.186.1
nameserver 208.164.186.2
search foo

El comando de búsqueda indica que si no se encuentra un nombre de dominio, intentará añadiendo .foo.

archivo de hosts

El archivo / etc / hosts contiene una lista de resolución de nombres (direcciones IP y los nombres de las máquinas). Por ejemplo:

192.168.105.2 sasa

Este archivo indica que Sasa es la dirección IP 192.168.105.2, que será accesible por este alias.

Administración de Redes con Linux / NFS

El protocolo NFS (Sistema de archivos de red) le permite compartir archivos entre máquinas Unix, y entonces Linux.Es un modelo cliente-servidor: una máquina proporciona (exportaciones) directorios de su sistema local de archivos en la red. A continuación, los derechos de acceso, las otras estaciones de la red pueden montar estos directorios, que luego serán vistos como directorios locales. Una computadora puede ser a la vez cliente y servidor NFS.

instalación en el servidor

Comience por comprobar que los demonios NFS (nfsd) ya están en marcha con, por ejemplo, el comando

ps ax | grep nfsd

Para iniciar los demonios manualmente en Debian:

/etc/init.d/nfs-kernel-server start

o, si el servidor NFS el espacio de usuario que se instala:

/etc/init.d/nfs-user-server start

Podemos empezar por la sustitución de reinicio para reiniciar el servidor.

Configuración

Para compartir (o exportación) directorios, debe informar a los / etc / exports. Se muestra la lista de carpetas y nombres de máquinas que pueden acceder a ella compartidos.
Cada línea corresponde a un directorio y tiene la forma:

<Directorio local> <nombre o IP de los equipos que se pueden conectar> (<opciones>) <otras máquinas> (<opciones>) ...

Por ejemplo :

/ Home / bobollinux (rw) station 1 (ro)
/project   station1 (rw) (ro)
/draft copy

El servidor exporta el directorio / home. La máquina ollinux puede instalarlo como lectura / escritura (RW) de estación 1 (ro), de sólo lectura, y las otras máquinas no se conectará.
Del mismo modo, la estación 1 puede tener acceso de lectura / escritura en el directorio del proyecto y todas las demás estaciones de sólo lectura.
Por último, todo el mundo puede tener acceso de lectura / escritura a la carpeta de proyecto (la opción rw es el valor predeterminado).
Para conocer la lista de posibles opciones y sus significados, consulte las exportaciones hombre.

Tenga en cuenta que el acceso de escritura a través de la red seguirá siendo inhibir por los derechos sobre el sistema de archivos. Considere un archivo de prueba propiedad de la raíz, que se encuentra en el directorio del proyecto y con los derechos 600 (lectura / escritura para root, sólo hay derechos para los demás). Si el usuario accede a foo través de la estación 1 del directorio / estación de proyecto, no puede acceder al archivo de prueba, aunque tiene la "red de derechos de lectura y escritura".
Una vez que el archivo / etc / exports adecuadamente configurados, sólo tiene que reiniciar el servicio NFS con el siguiente comando para que los cambios tengan efecto:

/etc/init.d/nfs-kernel-server reload

la instalación del cliente

Esto es relativamente sencillo, ya que el "sistema de archivos de red" NFS está construido directamente en el núcleo. Sólo asegúrese de que se ha compilado con soporte para NFS. Esto es cierto para todas las distribuciones recientes.

Para montar un sistema de archivos remoto, utilice el comando mount con la opción NFS:

mount -t nfs <máquina remota>: <directorio compartido> <directorio local> -o <opciones>

Por ejemplo :

mount -t nfs 192.168.105.2:/armor/plages / mnt / o ro ratings

Este comando montará el / armadura / pistas, exportados por la estación de 192.168.105.2 en el directorio / mnt / clasificaciones locales, de sólo lectura.

En lugar de una dirección IP, también se puede dar un nombre de host, tales Sasa. Para esto, necesitamos el nombre Sasa se puede convertir a la dirección IP (modificando / etc / hosts por ejemplo, si no tiene un servidor DNS)

Accede para iniciar

Es posible conectar los directorios compartidos en el inicio de la estación.

La manera más fácil es llenar el archivo / etc / fstab que contiene una lista de sistemas de archivos conocidos.

La sintaxis es la siguiente:

<ordenador remoto>: <directorio remoto> <directorio local de NFS> <opciones> 0 0

En el ejemplo anterior, sería:

sasa: / armor / tracks / mnt / nfs car odds, rw, user, soft 0 0

Las opciones se describen en la página del manual de montaje. Algunos son comunes a otros sistemas de ficheros (ext2, vfat ...), mientras que otros son específicos de NFS.

Administración de Redes con Linux / Samba

Samba es un servicio para compartir carpetas e impresoras entre estaciones de trabajo Linux y estaciones de trabajo de Windows. Un amplio Cómo se puede encontrar allí:http: / / www. samba. org / samba / docs /hombre / Samba-COMO-Collection /

En esta sección se presenta sólo una introducción al uso de Samba. Consideramos que usamos el modo seguro (seguridad = usuario requiere una cuenta de usuario UNIX). Utilice el nivel de seguridad del dominio y la parte del juego está compartiendo con Windows (incluyendo la última versión) no se ve. Para acceder a una cuenta de Windows En esta página mostramos algunos comandos adicionales:http://www.oregontechsupport.com/samba/samba.php

Configuración del servicio Samba

Para configurar este servicio para cambiar el archivo smb.conf principal es que normalmente se encuentra en / etc o / etc / samba como la distribución.

También hay interfaces gráficas para configurar Samba.

La sección [global] contiene opciones comunes a todos los directorios compartidos.

Aquí tiene algunas opciones útiles:

grupo de trabajo

El nombre del grupo de trabajo. Los ordenadores en el mismo grupo de trabajo se pueden encontrar al lado del otro en el Entorno de red de Windows.

server string

La descripción del servidor, que aparecerá junto a su nombre en el Explorador de Windows. Si la descripción contiene la palabra% h será reemplazado por el nombre de host de la máquina.

Cifrar contraseñas

Determina si las contraseñas deben ser encriptados antes de ser transmitida. Es muy recomendable y todos los sistemas Windows de 98 y NT4 SP3 utilizar esta función por defecto.

archivo de registro

El nombre del archivo que contiene el registro de actividad del servidor. Uno puede tener un registro por cada máquina cliente utilizando% m en el nombre de archivo. El% m será reemplazado con el nombre de la máquina cliente.

tamaño del registro max

El maximo el tamaño del archivo de registro, Kio.

opciones de conector

Indica las opciones para poner en *zócalos* tales TCP_NODELAY para el sistema para enviar pequeños paquetes inmediatamente sin esperar a ser varias.

Muchas otras opciones están disponibles. Se detallan en la página del manual de smb.conf [1]

Ejemplo

```
[global]
workgroup = home
server string = Samba Server% h
encrypt passwords = true
log file = /var/log/samba/log.%m
max log size = 1000
```

opciones de socket = TCP_NODELAY

Intercambio de directorios de instalación

acciones Samba se describen en las secciones de la siguiente forma:

[<Nombre del recurso compartido>]
<Opción> = <valor>
...

Los parámetros principales son:

cómo

La descripción del directorio compartido.

camino

La ruta de acceso al directorio compartido. Es el contenido de esta carpeta será compartida.

solo lectura

Determina si los invitados pueden escribir o no en el directorio compartido.

público

Si se debe permitir conexiones sin una contraseña.

usuarios válidos

Lista de usuarios autorizados conectarse separados por espacios. Si queremos permitir que todos los usuarios no se establece esta opción.

browseable

Determina si las acciones aparecen en la lista de acciones desde el servidor.

Las casas [] es una participación especial. Define el intercambio de cuentas de máquina directorios de usuario de UNIX.

Muchas otras opciones están disponibles. Se detallan en la página del manual de smb.conf [1]
Por defecto (3.5.6 versión) se puede acceder de manera anónima samba (-U cuenta smbclient // servidor / nombre compartido sin una contraseña). Para un acceso más seguro (con la cuenta y la contraseña), también debe agregar una cuenta de Samba que la referencia a una cuenta existente de Linux: adduser cuenta (si no se hace) smbpasswd directorios y archivos de los derechos de la cuenta debe ser correcta.
Ejemplo chmod u + RW, g + rx, donde rx + ... / carpeta y / o archivo

Ejemplos

[CD-ROM]
comment = Samba server's CD-ROM
read only = yes
locking = no
path = / cdrom
guest ok = yes

[sharing]
path = / media / d / Share
available = yes
browsable = yes
public = yes

writable = yes

[Zelinux]
comment = Website
path = / myrep / zelinux
read only = no

Proteger directorios compartidos

Usted puede hacer un directorio privado y si se debe permitir a los usuarios acceder a ellos.

Por esto, para cada carpeta compartida agregar las opciones:

public = no
valid users = <nombre de los usuarios autorizados para acceder a los directorios>

Para cada nombre que ha introducido, agregue el usuario con la samba

smbpasswd -a <nombre de usuarlo>

Una cuenta de UNIX del mismo nombre debe existir. Si no lo hace, crearlo con adduser.

lanzamiento del servicio

lanzamiento:

/etc/init.d/samba start

Para detener:

/etc/init.d/samba stop

Para reiniciar:

/etc/init.d/samba restart

Los cambios en smb.conf se tienen en cuenta para cada nueva conexión. Para que sean eficaces en las conexiones ya establecidas deben reiniciarse Samba.

de acceso a directorios

Para acceder al recurso compartido en Windows, basta con abrir las redes vecinales una estación de Windows y comprobar si la máquina está allí.

Para conectarse desde la línea de comandos en un recurso compartido de Linux, puede utilizar el comando

smbclient // <nombre del servidor> / <nombre de recurso compartido> -U <usuario>

También es posible montar un recurso compartido de Samba con

smbmount // <nombre del servidor> / <nombre de recurso compartido> <directorio local>

Diferentes opciones están disponibles. Se puede encontrar en el hombre   smbclient   y el
hombre   smbmount.
En general, es recomendable agregar -o = nombre de usuario de cuenta, contraseña = ??? iniciar sesión.

Por ejemplo, para montar un directorio "público" debe especificar la necesidad de conectar como invitado:

smbmount // server / share / mountpoint -o guest

También requiere que su cuenta de usuario tiene los derechos de reunión. La cuenta de root puede utilizar smbmount sin mucho problema.

De lo contrario, hay varias posibilidades:

1. completar el archivo / etc / fstab con su // <dirección IP> montaje / <folder_on compartido> <your_local_mountpoint defecto CIFS, iocharset = UTF-8, página de códigos = CP850, uid = 1000, gid = 1000, noauto, credenciales de usuario, = ~ / .smb 0 0)

2. añadir derechos en sudoers. (Por defecto en Ubuntu 10.10, sudo smbclient // <nombre servidor> / <nombre de recurso compartido> <directorio local> -o = nombre de usuario de cuenta, contraseña = ??? funciona bien)

referencias

[1] http://us1.samba.org/samba/docs/man/manpages-3/smb.conf.5.html

Administración de Redes con Linux / Apache

apache es un servidor HTTP gratis. Un servidor HTTP que permite anfitrión sitios web para ser visitada con una Navegador como Mozilla Firefox, explorador de Internet o Cromo.

Un sitio web puede ofrecer cualquier tipo de contenido (archivos de texto, HTML, Destello, cremallera...). Este contenido puede ser estática (el servidor envía un archivo en el navegador) o dinámica (el contenido es generado por un programa ejecutado por el servidor). Los sitios web suelen contener varios tipos de documentos, algunos son estática y otra dinámica.

Nos ocupamos aquí con Apache 2.2 en un sistema de Debian (Y sus derivados, tales como Ubuntu).

archivos de registro

por defecto de Debian, Apache registra los errores en el archivo /var/log/apache2/error.log. Cuando algo no funciona, este archivo a menudo proporciona pistas para encontrar la solución.

También registra todas las solicitudes en /var/log/apache2/access.log.

Configuracion basica

En Debian, Apache se inicia automáticamente cuando instala y cada inicio del sistema. Cuando se cambia la configuración, debe hacerle consciente de los cambios con el comando

/etc/init.d/apache2 reload

Para detener, iniciar o reiniciar, utilice el mismo comando con detener, iniciar o reiniciar.

[1]

Configuración del servidor

La configuración [2]el servidor está en /etc/apache2/apache2.conf. Este archivo contiene incluir declaraciones[3]que se utilizan para mover partes de la configuración en otros archivos. Debian utiliza esta característica para los módulos[4] (Como PHP) y gestión de servidores virtuales [5] :

Configuración de los módulos

El / etc / apache2 / mods-available contiene los módulos instalados. El archivo / etc mods-enabled / apache2 / contiene módulos habilitados. Los módulos son activadosenlaces simbólicos a los módulos instalados.

Para activar o desactivar un módulo, se puede manipular directamente los enlaces o utilizar el a2dismod y controles a2enmod (ver las páginas del manual).

Configuración de sitios

Del mismo modo, el / etc / apache2 / sites-available contiene los sitios web disponibles y / etc / sitios habilitados habilitados para sitios apache2 /. Hay preinstalados: el sitio web predeterminado.

Los sitios pueden ser activadas o desactivadas mediante la manipulación de los enlaces en los sitios habilitados o utilizando a2ensite y a2dissite.

Algunas pautas básicas

La sintaxis de bastante simple de Apache. Hay bloques (o contextos), tales como:

<VirtualHost ...> # inicio del bloque VirtualHost

    ...

    <Directorio ...> Directorio de bloque que comienza #

    ...

    </ Directory>   # Fin del bloque de Directorio

    ...

</ VirtualHost>   # Fin del bloque VirtualHost

y directrices, tales como

Include / etc / apache2 / sites-enabled /

Las directrices para la configuración del servidor en sí se colocan generalmente en apache2.conf. Las que se refieren el único sitio web están desplazados en el archivo de configuración del sitio (sites-available / mi-web-site).

La directiva DocumentRoot [6]Fija la raíz del servidor web, es decir, el directorio base donde están los documentos. Por ejemplo con la directiva DocumentRoot / var / www / html, si el navegador solicita la página http: //serveur/repertoire/fichier.txt, el servidor buscará /var/www/html/repertoire/fichier.txt el archivo.

UserDir [7] para especificar el directorio personal de los usuarios del sistema. El public_html directiva UserDir significa que un usuario puede publicar sus páginas web personales en un subdirectorio de public_html de su directorio personal. Para la totalidad de usuario, por lo general es / home / foo / public_html. Su página web será accesible a través de la URL http especial: // servidor / ~ toto.

DirectoryIndex [8] muestra la lista de archivos que Apache mirar para ver si la URL no especifica. Por ejemplo, si la configuración contiene DirectoryIndex index.php index.html y pide a la URL http: // / servidor / directorio, Apache buscará en el directorio de un index.html o index.php. Si cualquiera de estos archivos existen, se mostrará. De lo contrario, Apache mostrará la lista de archivos, un error (dependiendo de la presencia de los índices de la directiva Options[9]).

AccessFileName [10] define el nombre del archivo que se puede colocar en un directorio para modificar su configuración. Esto permite, por ejemplo, prohibir a nivel local que muestra la lista de archivos o proteger un directorio y sus subdirectorios.

escuchar [11] le dice a Apache en el cual Puerto TCP Debe escuchar. protocolo HTTP El puerto por defecto es 80. ServerName [12] le dice a Apache su nombre de dominio y, posiblemente, su puerto. Lo usa cuando se necesita comunicar su discurso ante el cliente (navegador). Este es el caso, por ejemplo, cuando se solicite http: // servidor / directorio sin barra (/) al final. Como esto no es una URL válida (la dirección URL de un directorio debe terminar con una barra), Apache utiliza el ServerName para reconstruir una dirección con una barra y la referencia para el cliente.

Gestión del número de instancias de Apache

El servidor Apache utiliza varios procesos y se ocupa de varios tipos de estaciones múltiples procesadores utilizando MPMs (módulos de procesamiento multi).

El primer módulo utiliza procesos prefork (para sistemas estables o más), el segundo trabajador utiliza hilos, y el último de hilos por proceso. Módulo perchild última está en desarrollo y no se recomienda.

El que se utiliza por defecto en Linux se preforked.

ejemplo comentado

La parte del procesamiento de la gestión de archivos de configuración en el número de procesos y los siguientes:

```
##
## del pool de servidores Tamaño Reglamento (MPM especifica) ##

# prefork MPM
# procesos StartServers ......... nb servidor en el arranque
# MinSpareServers nb ...... mínimo de servidores de proceso " 'libre' "
  instanciados
# MaxSpareServers nb ...... servidores de proceso máxima " 'libre' "
  instanciado. S 'él hay MaxSpareServers + 1 nosotros Mátalos
# MaxClients ........... servidores que pueden procesar nb comienzo

# Nb .. MaxRequestsPerChild máximo de peticiones que maneja el proceso del servidor.

#                          Después de solicitudes MaxRequestsPerChild, la
proceso muere.
#                          Si MaxRequestsPerChild = 0, entonces el proceso
no'muerto Nunca.

<IfModule prefork.c>
    StartServers 5
    MinSpareServers 5
    MaxSpareServers 10
```

```
    MaxClients 20
    MaxRequestsPerChild 0
</ IfModule>
```

pthread MPM # StartServers .... número inicial de servidor procesos **para**
comenzar

MaxClients .... número máximo de procesos de servidor dejó comienzo

MinSpareThreads ...... número mínimo de subprocesos de trabajo son qui mantenido **de**
repuesto

MaxSpareThreads ...... número máximo de subprocesos de trabajo son qui mantenido **de**
repuesto

ThreadsPerChild ...... número constante de subprocesos de trabajo en cada servidor
proceso

MaxRequestsPerChild .. número máximo de solicitudes de un proceso de servidor
reservas

```
<IfModule worker.c>
    StartServers 2
    MaxClients 150
    MinSpareThreads 25
    MaxSpareThreads 75
    ThreadsPerChild 25
    MaxRequestsPerChild 0
</ IfModule>
```

perchild MPM # NUMSERVERS .... número constante de servidor procesos

StartThreads .... número inicial de subprocesos de trabajo en cada servidor **proceso**

MinSpareThreads ...... número mínimo de subprocesos de trabajo son qui mantenido **de**
repuesto

MaxSpareThreads ...... número máximo de subprocesos de trabajo son qui mantenido **de**
repuesto

MaxThreadsPerChild ... número máximo de subprocesos de trabajo en cada servidor
proceso

MaxRequestsPerChild .. número máximo de conexiones por servidor proceso
(Entonces se muere)

```
<IfModule perchild.c>
    NUMSERVERS 5
    StartThreads 5
    MinSpareThreads 5
    MaxSpareThreads 10
    MaxThreadsPerChild 20
    MaxRequestsPerChild 0
    AcceptMutex fcntl
```

</ IfModule>

Configuración de directorios

Cada directorio al que tiene acceso Apache se puede configurar de forma independiente (y sus subdirectorios heredan).

Configuración de un directorio se coloca en un "contenedor" delimitado por <Directorio chemin_du_répertoire> y </ Directory>. La configuración se aplica al directorio y todos los subdirectorios. Si un subdirectorio también tiene su propia configuración, se añade a la matriz.

Estos son algunos ejemplos de control de acceso. Se dan más detalles en "Un ejemplo de configuración".

\# Configurar el directorio raíz del sistema <Directory />

    # No autoriza ningún Ninguno opciones particulares
    opción

    # No se permiten cambios en los archivos .htaccess AllowOverride None

</ Directory>

\# Para la raíz del servidor: <Directory
/ var / www / html>
    # algunas opciones
    Índices de opciones incluye FollowSymLinks

    # Las opciones se pueden cambiar en un .htaccess AllowOverride All

    # Permite el acceso a todos a Dejar de todas Documentos

    # Especifica cómo aplicar la regla anterior Orden allow, deny
</ Directory>

\# El directorio que contiene CGI ejecutable <directorio / usr /
lib / cgi-bin>
    AllowOverride None
    Options ExecCGI
</ Directory>

Los posibles parámetros de la directiva Options [13] son: "None", "All", "Indexes", "Includes", "FollowSymLinks", "ExecCGI" or "MultiViews".

Administrar páginas web personales

Es posible que los usuarios del sistema para transmitir páginas personales sin tener que crear un sitio de usuario. Esto requiere el uso de módulo de userdir.

El directorio que contiene el sitio web debe ser creado en el hogar del usuario y debe ser legible para todos. El nombre del directorio se define por la directiva UserDir[7]. Por defecto es el directorio public_html.

La dirección para acceder a estos sitios personales es el nombre de usuario precedido por una tilde (~). Por ejemplo, un usuario en el servidor foo www.iut.clermont.fr puede crear las páginas de su sitio en el directorio / home / foo / public_html, y podemos acceder a ellos con el http: //www.iut. clermont.fr/~toto/.

Puede permitir que sólo ciertos usuarios beneficiarse de UserDir. Por ejemplo, para permitir su totalidad solamente Sasa y tener un sitio web personal:

UserDir disabled
UserDir enabled sasa toto

Para configurar las opciones para estos directorios, puede utilizar una cláusula para el directorio / home / * / public_html:

```
<Directory / home / * / public_html>
   Order allow, deny
   Allow from all
</ Directory>
```

La cláusula public_html UserDir sólo funciona para usuarios con una cuenta en el sistema. la dirección URLhttp: / / www. IUT. Clermont. es / foo ~sólo funciona si foo es un usuario real (en cuyo caso el término Unix ~ toto tiene sentido), no sólo si existe el directorio / home / foo / public_html.

otra forma de UserDir se puede utilizar para permitir que los directorios sin necesariamente hay una cuenta de UNIX asociado:

UserDir / home / * / public_html

scripts CGI

Escribir un programa CGI

El CGI (Common Gateway Interface) no es un lenguaje, que es un estándar. Un programa CGI se puede escribir en cualquier idioma (C, Java, PHP, fiesta ...), siempre que sea ejecutable y cuando cumpla con ciertas restricciones de entrada / salida.

La principal limitación es la salida. Si un programa CGI genera datos a la salida estándar, que debe preceder a una cabecera HTTP para identificarlos. He aquí un ejemplo de programa CGI escrito en bash:

```
#! / Bin / bash

# Header
echo "Content-type: text / html"

# Late header echo ""
```

Contenido que se mostrará en el eco del navegador
"<html> <body> Hola </ body> </ html>"

Este script genera una página HTML.

Configurar el acceso a los scripts CGI

Para Apache soporta scripting, es necesario llevar a cabo un mínimo de configuración en la configuración del sitio.

El / cgi-bin ruta ScriptAlias sentencia especifica el nombre del directorio que contiene los scripts autorizada CGI. ejemplo:

ScriptAlias / cgi-bin / var / www / cgi-bin

La ruta / cgi-bin no existe en realidad, se dirige a / var / www / cgi-bin, y que le permite escribir URL como http: // server / cgi-bin / miscript.

La cláusula siguiente activa la opción ExecCGI en / var / www / cgi-bin, permitiendo Apache para ejecutar secuencias de comandos en el servidor:

<Directory / var / www / cgi-bin>
    ExecCGI options
</ Directory>

Ejemplo: escribir essai.cgi guión, y desea / home / httpd / cgi-bin contiene los scripts. Por lo tanto, al menos de escritura:

ScriptAlias / cgi-bin / home / httpd / cgi-bin
<Directory / var / www / cgi-bin>
    ExecCGI options
</ Directory>

La convocatoria de un essai.cgi guión estará a cargo de la dirección URL: http: //serveur/cgi-bin/essai.cgi

El módulo de PHP

PHP normalmente se ha integrado en el servidor Apache como módulo cargable situado al igual que otros módulos de Apache en / usr / lib / apache2 / módulos.

El /etc/apache2/mods-availiable/php.load y archivos /etc/apache2/mods-availiable/php.conf contienen directivas LoadModule y AddType que permiten Apache para ejecutar PHP cuando se solicita un archivo con la extensión .php. Ellos deben estar vinculados a / etc / apache2 / mods-enabled para permitir PHP. Uno puede usarlo para controlar el a2enmod.

Al margen de Apache, PHP tiene también su archivo de configuración, a menudo /etc/php.ini. Es especialmente aconsejable intervenir a menos que sepa lo que está haciendo. que sin embargo podemos observar PHP toma en consideración el plugin MySQL, que contiene funciones de acceso "motor" de la base de datos MySQL (que tuvo que ser instalada por separado), por la presencia de extension = mysql .so.

Al cambiar un archivo de configuración como PHP se ejecuta como un módulo de Apache, reiniciar Apache para restablecer PHP mediante la lectura de php.ini.

/etc/init.d/apache2 restart

Protección de contraseña

Hay una gran cantidad de soluciones para proteger la contraseña por sitio.

Apache ofrece una solución sencilla para proteger un directorio y sus subdirectorios.

Para ello es necesario utilizar el archivo .htaccess y mantener un archivo de contraseñas.

Configuración de la autenticación

El archivo .htaccess se encuentra en el directorio en el que se aplica la normativa.

en este archivo colocaremos la definición de restricciones.

Es imperativo que se permite el cambio de los parámetros de autenticación en la configuración de Apache.[14]

Las directrices del lugar en el .htaccess son:

TipoAut básica

   tipo de autenticación comúnmente adoptada, pero

AuthName insegura "Mi mensaje"

   mostrar el texto como apuntes en el cuadro de diálogo

AuthUserFile / etc / apache2 / my_passwd

   indica dónde las contraseñas

Require valid-user

   estados necesitan una cuenta en el archivo de contraseñas para acceder al directorio

También puede utilizar por tanto el usuario toto sasa para permitir que sólo las cuentas de Toto y Sasa.

El tipo de autenticación básica circular contraseñas en el claro. Existen otros tipos como un compendio más segura, se recomienda combinar../HTTPS/. Ver El artículo en la Wikipedia para más detalles sobre la operación.

La primera solicitud a este directorio protegido, aparecerá un cuadro de diálogo a través del cual debe identificarse (nombre y contraseña) del usuario:

• Si la contraseña introducida no es válida, el cuadro de diálogo se mostrará de nuevo.
• Si es válido, el navegador guarda y no se le pedirá más.

Se reiniciará el navegador para solicitar de nuevo.

archivo de contraseñas

Para mantener el archivo de contraseñas que utilizamos el comando htpasswd (ver página del manual).

Por ejemplo, para crear la contraseña del archivo de contraseñas / etc / apache2 / default-passwd con 1 como foo usuario, utilice el comando

htpasswd -c / etc / apache2 / foo my_passwd

Para añadir o editar un usuario en un archivo de contraseña existente:

htpasswd / etc / apache2 / my_passwd sasa

servidor virtual (hosts virtuales)

Apache puede manejar múltiples sitios web al mismo tiempo. Todos ellos serán accesibles desde la misma dirección IP y el mismo puerto.

Para diferenciar, Apache utiliza la dirección solicitada por el navegador.

Por ejemplo, si site1.com site2.com y apuntan a la misma dirección IP, URL y http://site1.com/ http://site2.com/ conducir en el mismo servidor.

Pero en el momento de la solicitud, el navegador dice que ha pedido a la dirección de http://site1.com/ o http://site2.com/.

Apache utiliza esta información para saber qué sitio para ver. Estamos hablando de *Servidor virtual* o host virtual.

Para indicarle a Apache qué sitio coincide con un nombre de dominio, usando una sección <VirtualHost *>. En Debian, por lo general es un VirtualHost por archivo en / etc / apache2 / sites-available.

La sección debe contener una ServerName [12] que indicará el nombre asociado a este servidor virtual.

También puede contener un ServerAlias [15] si queremos que otros nombres a fin en el sitio.

Por ejemplo :

<VirtualHost *>
    ServerAdmin admin@site1.com
    DocumentRoot / home / sitio1 / root
    ServerName site1.com
    ServerAlias www.site1.com
    AccessLog /home/site1/access.log
    ErrorLog /home/site1/error.log
    <Directory / home / site1 / root>
        AllowOverride All
    </ Directory>
</ VirtualHost>

La documentación de Apache en servidores virtuales [5] contiene información detallada sobre el tema. Para este servidor virtual está en ejecución, es imperativo que site1.com www.site1.com nombres y son conocidos por los intentos de acceso a la máquina (el que se inicia el navegador).

Para ello existen varios métodos:

- comprar el nombre de dominio en cuestión y configurarlo para que apunte a la dirección IP correcta
- utilizar un servidor DNS que devolverá el IP correcta para ese dominio
- modificar el archivo hosts en el equipo cliente para que coincida con el campo con la dirección IP correcta (ver el libro Instalación y configuración de un adaptador de red)

Ejemplos de configuración

Ejemplos de configuración. El conjunto de posibles direcciones se puede encontrar aquí:http: // httpd. apache.org/docs/2.2/mod/directives.html

Pensar que las pautas pueden tienen que estar en apache2.conf, a veces en el contexto de un sitio determinado VirtualHost.

Tipo de servidor

ServerType standalone

Esta línea indica si el servidor Apache se inicia en autónoma (independiente) oa través de inetd (tcp_wrapper). Para la mayoría de configuración, independiente. Esta directiva ha desaparecido de Apache 2, que tiene otra manera de definirlo. El comportamiento se selecciona realmente después de que el MTM (módulo multi-procesamiento) seleccionado.

ServerRoot

ServerRoot / etc / apache2

(Sólo el servidor de configuración, no en un VirtualHost)

Aquí se especifica el directorio de instalación de Apache. Normalmente los scripts de instalación estaban bien informados de esa línea. Compruebe que de todos modos.

LockFile

LockFile /var/run/httpd.lock

(Sólo el servidor de configuración, no en un VirtualHost)

Deja esta línea como es, es decir, comentado en el 90% de los casos (a #).

PidFile

PidFile /var/run/httpd.pid

(Sólo el servidor de configuración, no en un VirtualHost)

Asegúrese de que esta línea es sin comentar. Se le dice al script de inicio para registrar el número de proceso Apache para cuando se detiene el sistema de proceso de Apache se detiene correctamente.

ScoreBoardFile

ScoreBoardFile /var/run/httpd.scoreboard

(Sólo el servidor de configuración, no en un VirtualHost)

Este archivo almacena información para el funcionamiento de Apache.

se acabó el tiempo

timeout 300

(Sólo el servidor de configuración, no en un VirtualHost)

Tiempo en segundos antes de que el servidor envía o recibe un tiempo de espera. Cuando el servidor está a la espera de una "respuesta" (por ejemplo, CGI, conexión \ ldots), si después de ese tiempo no recibe respuesta, se detendrá y evitar que el usuario del error. Deje este defecto a menos que estén funcionando correctamente, en particular tratamientos que superen este límite. No vaya demasiado alto, ya sea porque este valor si el programa externo "sembrada" o si ha ocurrido un error, es posible que sea inaccesible Apache durante demasiado tiempo (siempre es desagradable que esperar para nada).

Mantener viva

KeepAlive es

Ya sea para permitir las conexiones persistentes (varias consultas de conexiones). De hecho, permite a los usuarios a su servidor para ejecutar varias aplicaciones a la vez, y por lo tanto acelerar las respuestas del servidor. Dejar que este defecto mayor parte del tiempo. Para los pequeños servidores dejar esta opción en él. Para un servidor ocupado, tan pronto como note que el sistema se ralentiza drásticamente o no estar disponibles a menudo tratan de apagado. Pero en primer lugar, intente reducir el valor a la siguiente opción.

MaxKeepAliveRequests

MaxKeepAliveRequests 100

En combinación con la opción anterior, muestra el número de solicitudes de una conexión. Dejar que esta bastante alto valor para un rendimiento muy bueno. Si establece 0 como el valor, en realidad se permite ilimitada (así que ten cuidado). Deje el valor predeterminado también.

Mantener con vida el tiempo de espera

KeepAliveTimeout 15

esperando valor en segundos antes de que la siguiente petición del mismo cliente en la misma conexión, antes de regresar a un tiempo de espera. Una vez más deje el valor predeterminado.

MinSpareServers y MaxSpareServer

MinSpareServers 5
MaxSpareServer 10

(Sólo el servidor de configuración, no en un VirtualHost)

Estos valores se utilizan para la carga del servidor de auto-regulación. De hecho en sí Apache controla su carga, dependiendo del número de clientes a los que sirve y el número de peticiones que cada demanda de los clientes. Se aseguró de que todo el mundo puede servir solo y ha añadido una serie de casos apaches "inactivo", es decir, que no hacen más que están listos para servir a nuevos clientes que conectarían. Si este número es menor que MinSpareServers que añade uno (o más). Si este número supera el valor de MaxSpareServer que se detenga en una (o más). Estos valores predeterminados son adecuados para la mayoría de los sitios.

escucha

listen 3000
listen 12.34.56.78
listen 12.34.56.78:3000

Dile a puertos del servidor o direcciones IP (hay una interfaz de red por el servidor!), O ambos, donde tiene que "escuchar" las solicitudes de conexión, EN dirección de la suma y de puerto por defecto. Véase la Directiva VirtualHost más.

BindAdress

BindAdress *

Redundante con Escucha, esto le permite especificar las direcciones IP de las interfaces de red para escuchar las solicitudes.
Esta directiva ha desaparecido en Apache 2.

Puerto

Port 80

Escucha con redundante, especifica el puerto de escucha (por defecto 80). Esta directiva ha desaparecido en Apache 2.

LoadModule, ClearModuleList y AddModule

LoadModule xxxxxx.mod libexec / yyyyyy.so
ClearModuleList
AddModule zzzz.c

(Sólo el servidor de configuración, no en un VirtualHost)
El apoyo a los módulos DSO (Dynamic Shared Object). LoadModule se utiliza para cargar un módulo. Antes de Apache 2, los ClearModuleList y AddModule le permiten especificar el orden de ejecución de los módulos debido a problemas de dependencia. Apache 2 ahora puede hacer esto de forma automática ya que los módulos de API les permite especificar su propio orden. Sin embargo Apache 1. * debe estar prestando atención, y mantenerla actualizada con la adición de cualquier módulo nuevo.

ExtendedStatus

ExtendedStatus it

(Sólo el servidor de configuración, no en un VirtualHost)
Especifica si el servidor debería devolver información de estado completa (a) o información reducida (apagado). desactivada por defecto. Deja este valor predeterminado a no ser que el desarrollo y la depuración.

Grupo de usuario

user nobody
Group nobody

Después de iniciar el servidor, sería peligroso dejarlo como root para responder a las consultas. Por lo tanto, es posible cambiar el proceso utiliseur y el grupo para dar un mínimo de derechos en la máquina servidor. (De hecho, si alguien trata de "explotar" su servidor, por ejemplo, si quieres pasar a ejecutar código con el servidor Apache, hereda los derechos del propio servidor. Así que si nadie lo hace ninguna ley específica. Si es un usuario real o raíz, entonces tendrá los derechos para dañar el sistema.)

ServerAdmin

ServerAdmin root@localhost.domainname

Dirección de correo electrónico del administrador del sitio. Esta dirección está representada por el servidor, por ejemplo en caso de error, por lo que los usuarios pueden notificar al administrador.

Nombre del servidor

ServerName www.domainname

Dirección que el servidor devolverá al cliente web. Lo mejor es poner una dirección resuelta por el DNS en lugar del nombre de la máquina real, por lo que los visitantes no ver el nombre real de la máquina (útil para la seguridad también).

Raiz del documento

DocumentRoot / var / lib / apache / htdocs

raíz o es el directorio de páginas web.

Directorio

```
<Directorio / var / lib / apache / htdocs>
    Options Indexes FollowSymLinks Multiviews
    AllowOverride None
    Order allow, deny
    Allow from all
</ Directory>
```

Cambiar la configuración del directorio / var / lib / apache / htdocs. Puede ser colocado dentro de las siguientes pautas:

opciones

las opciones se definen para este directorio. Las opciones son:

Ninguna	Desactivar todas las opciones.
Todas	Activo todo Multiviews SALVO opciones.
índices	Permite a los usuarios tener indexs generados por el servidor. Es decir, si el índice de directorio (index.html + a menudo) no se encuentra, se permite que el servidor a la lista el contenido del directorio (peligrosos de acuerdo con los archivos de contenido en este directorio).
FollowSymLinks	Permitido seguir enlaces simbólicos.
ExecCGI	Permitir a ejecutar scripts CGI desde este directorio.
includes	Permite incluir archivos en el servidor.
IncludesNOEXEC	Permite sino que incluye pero impide comando EXEC (que permite ejecutar código).
MultiViews	Permite múltiples puntos de vista en un contexto. Por ejemplo, para visualizar las páginas de un idioma según la configuración del idioma del cliente.
SymLinksIfOwnerMatch	Permitido seguir enlaces sólo si el archivo de ID de usuario (o directorio) a la que el enlace es el mismo que enlazar.

Permitir sobrescritura

define cómo logró archivo .htaccess en ese directorio:

Todas	Gestiona todo en .htaccess
AuthConfig	Permite permisos AuthDBMGroupFile directrices AuthDBMUserFile, AuthGroupFile, AuthName, AuthType, AuthUserFile, Requerir etc.
FileInfo	características activa que controla el tipo de documento (ErrorDocument, LanguagePriority, etc.)
Limit	Habilitar Directiva autorización Límite
None	No leer el archivo .htaccess y dejar que los derechos "Linux" a ese directorio.
options	Opción Directiva activa

Orden

Dar el orden de aplicación de permitir / denegar:

deny, allow	Si el cliente no coincide con ninguna regla de denegación, pero coincide con una regla permite, entonces Permitir (Allow por defecto).
allow, deny	Si el cliente no coincide con las reglas lo permiten, pero los partidos de negar regla general, está prohibido (negar por defecto). \ hLINE

Permiten negar

Host Name	Permitir / denegar el host especificados, direcciones IP, nombres de dominio, etc ...
All	Permitir / Denegar todo el mundo

Para que colocar sus reglas en función de los contenidos del directorio accesible por la web. Existen las mismas reglas para el archivo (<Files> </ Files>) y alquiler (<Location> </ Location>). Ver el ejemplo archivos (archivos) de abajo.

DirectoryIndex

DirectoryIndex index.html index.htm index.php index.php5

Especifica el archivo a cargar cuando se accede a un directorio sin especificar el archivo. En este ejemplo, si accedehttp://example.com/repertoire/, Apache buscará los archivos de la lista (index.html, index.htm ...) y si encuentra uno que aparezca publicado. Si no encuentra uno, se mostrará una lista de archivos o denegar el acceso (dependiendo de la presencia o no de la opción Índices en el directorio).

AccessFileName

.htaccess AccessFileName

Archivonombre de las reglas de acceso para las reglas AllowOverride. Consejo: Coloque como se ha visto anteriormente descarta una línea como:

```
<Files .ht *>          # to prohibit visitors to view the content of Order allow, deny
                       #fichiers .ht containing rules
    Deny from all # safety.
</ Files>
```

CacheNegotiatedDocs

#CacheNegotiatedDocs

Si se debe permitir a los proxies caché de documentos (para permitir, quitar el comentario # comienzo de la línea)

UseCanonicalName

se UseCanonicalName

Encima de ella, vuelve a escribir la dirección URL del servidor y los valores de puerto especificado anteriormente en el httpd.conf.
Por fuera, la URL sigue siendo la dada por el cliente.
La atención se pone en si se utiliza con variables CGI SERVER_NAME porque si la URL del cliente no es el mismo que el CGI, la secuencia de comandos CGI no funcionará.

DefaultType

DefaultType text / plain

tipo MIME por defecto el servidor devuelve a los clientes. Se adapta en la mayoría de los casos.

HostNameLookups

HostNameLookups off

En una, el nombre del servidor de cliente a través de consulta DNS inversa. De otro modo, la dirección IP simplemente, que genera mucho menos tráfico en la red.

Registro de errores

ErrorLog / var / log / error_log

ruta completa del archivo en el que se registran los errores.

Nivel de registro

LogLevel warn

nivel de grabación de error posible con valores, en orden decreciente de importancia, lo que aumenta la charla en:

emerg	Emergencia: El servidor se vuelve inutilizable
alert	es necesaria una intervención
crit	errores críticos (acceso a la red no, por ejemplo)
error	errores en las páginas, scripts
warn	errores no fatales (páginas mal codificadas, secuencias de comandos con los no biocantes errores ...
notice	evento normal, pero que merece ser notado
info	información (como "servidor ocupado")
debug	Guarda cualquier cosa puede suceder en el servidor

El nivel de criterio es el mínimo recomendado, y por lo general equivale a advertir.

ServerSignature

ServerSignature se

we	añadir una firma (Versión, OS ...) cuando el servidor genera en sí páginas (índice de falta, error de script, etc.)
off	sólo muestra el error.
Mail adds	añade un enlace al correo electrónico definido por ServerAdmin

Alias

Alias faux_nom nombre real

permite alias directorios (enlaces de alguna manera) (similar a ScriptAlias / cgi-bin chemin_complet_des_cgi

AddType

AddType extensiones especie

(Bajo Apache 2, la presente Directiva debe estar en un archivo mod-availabe / nom_module.conf en lugar de apache2.conf)

Especifica que los archivos que usan tales extensiones son del tipo especificado. Esto decidirá qué hacer.

Para añadir soporte para PHP, el archivo mods-enabled / php5.conf contiene, por ejemplo:

```
AddType application / x-httpd-php .php .phtml .php3 AddType
application / x-httpd-php-source .phps
```

AddHandler

AddHandler cgi-script CGI

Para utilizar scripts CGI.

referencias

[1] http://httpd.apache.org/docs/2.2/invoking.html
[2] http://httpd.apache.org/docs/2.2/configuring.html
[3] http://httpd.apache.org/docs/2.2/mod/core.html#include
[4] http://httpd.apache.org/docs/2.2/dso.html
[5] http://httpd.apache.org/docs/2.2/vhosts/
[6] http://httpd.apache.org/docs/2.2/mod/core.html#documentroot
[7] http://httpd.apache.org/docs/2.2/mod/mod_userdir.html#userdir
[8] http://httpd.apache.org/docs/2.2/mod/mod_dir.html#directoryindex
[9] http://httpd.apache.org/docs/1.3/mod/core.html#options
[10] http://httpd.apache.org/docs/2.2/mod/core.html#accessfilename
[11] http://httpd.apache.org/docs/2.2/mod/mpm_common.html#listen
[12] http://httpd.apache.org/docs/2.2/mod/core.html#servername
[13] http://httpd.apache.org/docs/2.2/mod/core.html#options
[14] http://httpd.apache.org/docs/2.2/mod/core.html#allowoverride
[15] http://httpd.apache.org/docs/2.2/mod/core.html#serveralias

Administración de Redes con Linux / Proftpd

FTP es un protocolo para compartir archivos.

Un servidor FTP proporciona algún directorio de disco, y gestiona la autenticación de contraseña. Se conecta al servidor con un cliente FTP.

Este documento presenta la configuración de un servidor ProFTPd [1] bajo Debian. La gestión de los derechos de acceso y configuración son muy similares a las de Apache.

La instalación y puesta en marcha

En Debian, Proftpd está disponible en un paquete y se puede instalar con el comando

apt-get install proftpd

También es posible configurar poour sus propias necesidades de la fuente. Esto especifica los módulos para su uso.

tar zxvf proftpd-1.xxtar.gz
CD proftpd-1.xx
./configure --with-modules=mod_ratio: mod_sql make

make installproftpd

Se pone en marcha automáticamente la instalación y puesta en marcha.

La secuencia de comandos para iniciar, detener o reiniciar se /etc/init.d/proftpd.

Archivo de configuración

El archivo de configuración principal es /etc/proftpd/proftpd.conf.

Todas las instrucciones que se describen en el sitio web de Proftpd [2]. Los controles principales son los siguientes :

ServerName " " nombre ""
Descripción = Indica el nombre del servidor que aparecerá en los clientes

AccessGrantMsg " " mensaje ""
Descripción = Mensaje de bienvenida.
comment = El mensaje puede contener comodines como% u (aquí el nombre del usuario)

<Límit ...> ... </ Limit>
Descripción = Permite o deniega el uso de ciertos comandos FTP. comments =

Por ejemplo, la siguiente sección autoriza el comando MKDIR Sólo los usuarios foo y bar:

<Límite MKDIR>
   Permitir foo bar
   Negar todo
</ Limit>

ServerType " tipo "
Descripción = Determina cómo el servidor recibe la
conexiones de red.
comments =
Si el tipo es independiente ", se pondrá en marcha un proceso padre y escucha a la red. Si el
 tipo es " inet ", se pondrá en marcha el servidor
por inetd (tcp_wrapper).
En todos los casos habrá un proceso iniciado por conexión FTP.

MaxInstances 30
Descripción = limita el número de procesos simultáneos permitió

usuario nobody
grupo nadie
Descripción = indica que el servidor se va a realizar con el grupo de los ID de usuario y nadie

ExtendedLog /var/log/ftp.log
Descripción = especifica el nombre del archivo de registro

umask 022
Descripción = especifica los derechos a " remove " 'a los archivos creados en FTP. 022 medios
que escriben se retiran los permisos del grupo y " otros " para cualquier nuevo archivo.

AllowOverwrite it
Descripción = permite a un usuario para sobrescribir un archivo que pertenece a él.

UseFtpUsers se
Descripción = uso activo de los archivos / etc / ftpusers que da la lista de usuarios que hace " 'no' " de acceso
al servidor FTP.

AllowUser " list of users "

Descripción = para ser colocado en un contexto <Límite ...> ... </ Limit> define quién está autorizado para realizar el control del bloque 'actual' límite'.

DenyUser " list of users "

Descripción = colocar en un contexto <Límite ...> ... </ Limit> define quién no se le permite ejecutar el control del bloque de límite de corriente.

AllowStoreRestart

Descripción = permiten a los clientes a reanudar las subidas al servidor.

DefaultChdir / var / ftp

Descripción = Indica el directorio por defecto del servidor.

comment = Usuarios se colocan en este directorio al iniciar la sesión.

DefaultRoot / var / ftp

Descripción = declara ese directorio como la raíz del sistema de archivos.

UserRatio

Descripción = permite ratios de gestión.

comments =

'Nombre' UserRatio " 2 10 5 4096 </ code> indica que el usuario " nombre " tiene derecho a recuperar dos archivos en el servidor cada vez que va a introducir.

Se le da a iniciar un crédito de 10 archivos.

Por otra parte, a 1 byte presentada, recibirá 5 bytes y tiene un crédito de 4 KB. En lugar de un nombre también puede ser utilizado * que define las ratios de morosidad.

SaveRatios se

Descripción = utilizado para especificar que queremos salvar el crédito de cada usuario entre las sesiones.

RatioFile / relación / RatioFile

RatioTempFile / relación / RatioTempFile

Descripción = indican los nombres de archivo para almacenar información sobre las proporciones de los usuarios.

FileRatioErrMsg "Usted no tiene suficientes archivos descargados"
ByteRatioErrMsg "Usted no tiene suficiente cantidad de bytes descargados"
Descripción = indican que un usuario ha excedido su cuota en mensajes.

<Directorio " " Directorio> ... </ Directory>

Descripción = Esta sección proporciona los derechos para el directorio y todo su contenido.

comments =

Por ejemplo :

```
<Directory / var / ftp / ratio>
    <Limit ALL>
        Deny ALL
    </ Limit>
    HideNoAccess it
</ Directory>
```

Aquí, prohibimos cualquier operación en la relación de repertorio gracias a <Límite TODAS>.

HideNoAccess

Descripción = Cubierta de todos los artículos de difícil acceso para los usuarios.

<Anónimo " directorio "> ... </ Anónimo>

Descripción = Configurar el acceso anónimo

comments =

ejemplo:

<Anonymous / home / ftp>

Después de inicio de sesión anónimo, pasa por debajo del grupo de usuarios / ftp.
usuario ftp

grupo ftp

Coincide con el inicio de sesión "anónimo" en Unix cuenta "ftp" UserAlias FTP
anónimo

Permitir cuentas sin "cáscara" es a menudo el caso, la cuenta "ftp" RequireValidShell off

Prohíbe la escritura en todas partes
<Directory *>
    <Limit WRITE>
      DenyAll
    </ Limit>
</ Directory>

Permite escribir en "entrante", pero no leer <directorio entrante>

    <Limit READ>
      DenyAll
    </ Limit> <Limit
STOR>
      AllowAll </
Limit>
</ Directory>
</ Anonymous>

Para que el servidor tiene en cuenta el nuevo archivo de configuración, vuelva a cargar el demonio con:
reinicio /etc/init.d/proftpd

Ejemplo de archivos proftpd.conf:

1. Este es un archivo de configuración ProFTPD básica (cambie el nombre a # 'proftpd.conf' para

2. Uso actual. Se establece un único servidor

3. Se asume que usted tiene-un usuario / grupo

4. "Nadie" para el funcionamiento normal.

"Servicio de Linux ProFTPd" ServerName independiente ServerType DefaultServer se

1. Para permitir a los clientes para resumir las descargas, muy útil.

2. Recuerde que debe establecer a off si-tiene una carga FTP entrante.

AllowStoreRestart se

1. El puerto 21 es el puerto FTP

estándar. 45000 puerto

1. Umask 022 es una buena máscara de usuario estándar de prevención para evitar nuevos directorios y ficheros
2. de ser un grupo y el mundo puede escribir en blanco.

umask 022

1. La limitación del ancho de banda leer:

14000 RateReadBPS

1. Para evitar prevención de ataques de denegación de servicio, establecer el número máximo de niños pro cesos
2. a 30. Si tiene que permitir que más de 30 conexiones simultáneas
3. a la vez, sólo tiene que aumentar este valor. Tenga en cuenta que esto sólo funciona
4. En el modo independiente, en deberes moda inetd utiliza un servidor inetd
5. Eso le permite limitar el número máximo de pro cesos por porción
6. (Tales como xinetd)

MaxInstances 30

1. Establecer la cola de usuario y grupo de servidores de la

Normalmente funciona a. Usuario nogroup nadie Grupo

1. número máximo de clientes
2. MaxClients 3

1. Número máximo de clientes por host
2. MaxClientsPerHost 1

1. El número máximo de intentos de

conexión MaxLoginAttempts 3

1. mensaje de bienvenida después de un exitoso

inicio de sesión AccessGrantMsg "% u Bienvenido a

casa!"

1. No dar información sobre el

servidor apagado DeferWelcome

1. Reglas límite órdenes ...

<Límite MKD RNFR RNTO DELE RMD STOR CHMOD CHMOD SITIO SITIO CONTACTAR XCUP XRMD

PWD XPWD>

 DenyAll

</ Limit>

<Global>

 DefaultRoot / var / ftp
 AllowOverwrite yes
 MaxClients 3
 MaxClientsPerHost 1
 UseFtpUsers it
 AllowForeignAddress it
 ServerIdent on "ProFTP DUF's Server Ready"
 AccessGrantMsg "Welcome to the server% u"

</ Global>

1. Escribir para el servidor

virtual <VirtualHost

ftp.duf.com>

```
ServerName "My ftp server virtual number 1"
Port 46000
maxclients 3
MaxClientsPerHost 1
DefaultRoot / var / ftp
AccessGrantMsg "Welcome"
```

</ VirtualHost>

Cliente FTP

Hay muchos clientes FTP. Algunos son en modo gráfico, otros en modo texto. navegadores de Internet también permiten conectarse a un servidor FTP.

ftp

El cliente más simple y común es el comando ftp. También existe en la línea de comandos de Windows.

Los comandos disponibles se describen en la página del manual. Los principales son: ayudar, abierto, ls, get, put ...

Navegador

Para acceder a un servidor FTP desde un navegador web, utilice una dirección particular. Para inicio de sesión anónimo, puede utilizar ftp: // server / o ftp: // servidor / ruta.

Para conectar con una contraseña, ftp uso: // usuario: contraseña @ servidor /.

referencias

[1] http://www.proftpd.org
[2] http://www.proftpd.org/docs/

Administración de Redes con Linux / DHCP

El DHCP (por Dynamic Host Configuration Protocol) es un protocolo de red cuya función es asegurar la configuración automática de la configuración de red de un equipo, incluyendo la asignación automática de una máscara de dirección IP y subred.

DHCP se implementa a menudo por los administradores de las estaciones del parque, ya que ofrece una gran ventaja para centralizar la configuración de las estaciones en un solo equipo: el servidor DHCP. El principal peligro de DHCP es que en caso de fallo del servidor DHCP, hay otra estación accede a la red.

Hay dos principales utiliza un servidor DHCP:

*   asignar una configuración fija en ciertas posiciones (uno de ellos reconoce con su dirección MAC)
*   y asignar una configuración dinámica en posiciones desconocidas.

Se puede por ejemplo dar una dirección IP fija a algunos servidores, y asignar las direcciones de las variables a otras posiciones. El protocolo está diseñado para un puesto que devuelve a la red tiene la misma dirección que tenía la primera vez. Está reservado para él durante algún tiempo (el tiempo de concesión).

Configuración

El archivo de configuración principal es /etc/dhcp/dhcpd.conf. Su sintaxis se describe en el hombre dhcp.conf. Cuenta con opciones globales, generalmente colocados al principio, y secciones para cada host o red a configurar.

Después de cada cambio de configuración, debe reiniciar el servidor:

/etc/init.d/isc-dhcp-server restart

Si no se reinicia, el detalle del error normalmente se encuentra en / var / log / syslog

las interfaces

Por defecto, el DHCP (Dynamic Host Configuration Protocol) se pone en marcha en todas las interfaces. En este caso es imprescindible para configurar una interfaz de red en dhcp.conf.

Para seleccionar interfaces en las que se ejecuta el servidor, debe editar / etc / default / isc-dhcp-server que indique dicha

INTERFACES = "eth1 eth2"

Es obligatorio tener una sección "subred" (véase más adelante) para cada interfaz de red.

Dirección dinámico

Para configurar un rango de direcciones para asignar dinámicamente las direcciones MAC desconocidas, la sección de subred se utiliza en dhcp.conf. El siguiente ejemplo asignará direcciones que van desde 192.168.1.101 y 192.168.1.199:

subnet 192.168.1.0 netmask 255.255.255.0 {
    Range 192.168.1.101 192.168.1.199;
}

Dirección fijo

Para dar una dirección fija para una posición, usted tiene que saber su dirección MAC y escribir una sección de acogida. Por ejemplo, la siguiente sección asigna la dirección de estación de cobalto 192.168.0.47 cuya dirección MAC es 00: 13: d4: BD: b7: 9a:

```
host cobalt {
       hardware ethernet 00: 13: d4: bd: b7: 9a;
       fixed-address 192.168.0.47;
}
```

opciones

El servidor DHCP puede proporcionar otra información como la dirección IP. Estas opciones se pueden establecer a nivel mundial, colocándolos fuera de cualquier sección. A continuación, se aplican a todas las secciones que no redefinen. Si se coloca en una sección especial, que sólo lo aplican.

La opción de servidores de nombres de dominio por ejemplo, para indicar las direcciones de posición de los servidores DNS. La opción indica los enrutadores de pasarela.

Todas las opciones se describen en la página del manual. También se puede consultar esta documentación Internet [1].

referencias

[1] http://www.linuxmanpages.com/man5/dhcpd.conf.5.php

Administración de Redes con Linux / netfilter

netfilter es un módulo qué filtros y manipular los paquetes de red que pasan a través del sistema. Proporciona Linux :

- funciones cortafuegos incluyendo control de la máquina que pueden iniciar sesión en el que los puertos, de afuera hacia adentro o desde el interior hacia fuera de la red;
- de traducción de direcciones (NAT) para compartir una conexión a Internet (enmascaramiento), ocultar las máquinas de la LAN, o redirigir las conexiones;
- y de la tala tráfico red.

iptables es el orden para configurar Netfilter.

Operación

intercepta Netfilter paquetes de red a diferentes partes del sistema (en la recepción antes de su transmisión a procesar, antes de enviarlos a la tarjeta de red, etc.). Los paquetes interceptados pasan a través de los canales que van a determinar lo que el sistema debe hacer con el paquete. Cambiando estos canales seremos capaces de bloquear algunos paquetes y pasar otros.

filtración

En su operación más simple, Netfilter permite echar o pasar los paquetes de entrada y salida.

Se prevé que los tres canales principales:

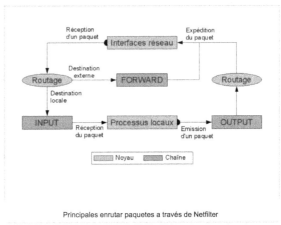

- una cadena INPUT para filtrar los paquetes al sistema,
- una cadena OUTPUT para filtrar los paquetes transmitidos por el proceso del sistema,
- y una cadena FORWARD para el filtrado de paquetes que el sistema de debe pasar.

Principales enrutar paquetes a través de Netfilter

Mediante la adición de reglas en estas cadenas se puede pasar o descartar los paquetes sobre la base de ciertos criterios.

cadenas

Una cadena es un conjunto de reglas que indican qué hacer paquetes que pasan a través.

Cuando un paquete llega en una cadena:

- Netfilter relojes la primera regla de la cadena,
- luego ver si los criterios de la regla corresponden al paquete.
- Si el paquete coincide, se ejecuta el objetivo (descartar el paquete, pasar, etc.).
- De lo contrario, Netfilter toma la nueva regla y compara el paquete. Y así sucesivamente hasta la última regla.
- Si no hay reglas han interrumpido el curso de la cadena, se aplica la política predeterminada.

Reglas

Una regla es una combinación de criterios y un objetivo. Cuando todos los criterios correspondiente al paquete, el paquete se envía a la diana.

Los criterios disponibles y las posibles acciones en función de la cadena manipulada.

Sintaxis

La sintaxis de iptables y todas las opciones se describen en la página del manual.

Para cada ajuste hay típicamente una forma larga con dos guiones (por ejemplo --append) y una forma corta con un guión (por ejemplo -A). Utilice uno o el otro no importa, son equivalentes. Ambas posibilidades se representan a menudo en la documentación en forma --append | -UN.

Los parámetros que se muestran entre paréntesis (por ejemplo, [-t <table>]) son opcionales.

Que se encuentra entre superior e inferior (por ejemplo, <table>) debe ser sustituido por un valor.

La forma general para iptables uso es el siguiente:

iptables [-t <table>] <comando> <opciones>

La tabla por defecto es la tabla de filtros.

Pedidos

Los controles principales son:

--list | -L [<String>]

Muestra las reglas en los canales o sólo el canal seleccionado.

Si el parámetro -v se coloca antes de este comando, también se mostrará el número de paquetes pasaron por cada regla.

--append | -A <string> <criterios> j <destino>

Añade una regla al final de la cadena <string>. Si todos los criterios coinciden con el paquete, se envía a la meta. Vea a continuación una descripción de los criterios y posible objetivo.

--insert | -I <string> <criterios> j <destino> Como --append

pero añade la regla al principio de la cadena. --delete | -D

<string> <criterios> j <destino>

Elimina la regla correspondiente en la cadena.

--flush | -F [<String>]

Borrar todas las reglas de la cadena. Si no se especifica una cadena, todas las cadenas se vaciarán de la mesa.

--policy | -P <string> <destino>

Determina el objetivo cuando no hay normas interrumpa el curso y que el paquete alcanza el final de la cadena.

criterios

Los criterios posibles son numerosas. Aquí están algunos:

--protocol | -p <protocolo> [!]

El protocolo <protocolo>. posibles protocolos son TCP, UDP, ICMP, todos, o un valor numérico. Los valores de / etc / protocolos también son utilizables. Si un signo de admiración ante el Protocolo, el criterio corresponderá a empaquetar sólo si no se especifica el protocolo.

--source | [!] -s <dirección> [/ <máscara>]

La dirección de origen es <dirección>. Si se especifica una máscara, se compararán las piezas solamente activos de la máscara. Por

ejemplo al escribir -s   192.168.5.0/255.255.255.0, todas las direcciones entre 192.168.5.0 y partido 192.168.5.255. También podemos escribir la máscara en forma de un número de bits (/ 8 corresponde a 255.0.0.0, / 24 a 255.255.255.0, etc.) La máscara predeterminada es / 32 (/255.255.255.255) o la dirección completa.

Un signo de exclamación no coincidirá con el paquete si no es la dirección de origen.

--destination | [!] -d <dirección> [/ <máscara>]

Como --source pero para la dirección de destino.

-dport [!] <puerto>

El puerto de destino <puerto>. Es obligatorio para especificar el protocolo (TCP -p o -p udp), como en otro protocolos ningún concepto de puerto.

--sport [!] <puerto>

Como dport pero el puerto de origen.

-i <interface>

La interfaz de red donde se originó el paquete. Utilizable solo en la cadena INPUT.

-o <interfaz>

La interfaz de red que va desde el paquete. Sólo se puede usar en las cadenas OUTPUT y FORWARD.

--icmp- <type>

Si el protocolo es ICMP, especifica un tipo específico. Ejemplos de tipos: de petición de eco para el envío de una "Ping" eco-respuesta a la respuesta a "ping"

objetivos

Los principales objetivos son:

j ACCEPT

Permite que el paquete vaya e interrumpe su viaje en la cadena.

j DROP

Tirar el paquete sin notificar al remitente. La trayectoria de la cadena se interrumpe.

j REJECT

Como DROP pero impide que el transmisor que se descarta el paquete. La respuesta enviada al transmisor es también una

paquete que satisfaga las reglas de salida para pasar.

-j LOG [--log-level <level>] [--log-prefix <prefix>]

Guarde el paquete en los registros del sistema. En <nivel> de manera predeterminada, el paquete se visualiza en el sistema principal de la consola.

Este objetivo es útil para ver algunos paquetes que pasan (o para la depuración de alerta).

de un solo uso

El principio es bastante sencillo de entender. Un paquete IP llega a su máquina, debe elegir lo que haces. Puede aceptar (ACCEPT), rechazan (rechazar) o denier (DROP). La diferencia entre los dos últimos modos, es para evitar que el remitente que su paquete ha sido rechazado (con REJECT se evita, pero no con la gota).

Hay tres tipos de paquetes pueden pasar a través del firewall. los paquetes de salida (output), de entrada (INPUT) o "pasan", es decir que sólo rebotar en el router debe redirigir ADELANTE).

Para organizar las reglas de aceptación / rechazo, el procedimiento es el siguiente: - entrada, salida, adelante, se denominan canales - la regla es un conjunto de atributos que corresponden (o no) un paquete IP de origen, IP de destino, puerto de origen , puerto de destino, protocolo. . . - cuando un paquete pasa a través del servidor de seguridad, que se encamina a la cadena correspondiente - a continuación, las reglas de la cadena se prueban uno por uno en orden, en el paquete. Cuando el paquete coincide con una regla, que se detenga. Si la regla dice ACEPTAR, se acepta el paquete. Si dice DROP, se ignora. Si RECHAZAR estados, se rechaza la absolución. Las siguientes reglas no se prueban.

- Si hay una regla coincide con el paquete, se aplica la política predeterminada. Puede ser configurado para aceptar, DROP o REJECT.

Es más seguro (pero más tiempo de aplicación) utilizan una política por defecto DROP y crear reglas de aceptar.

La sintaxis de iptables es:

```
iptables | Me cadena -i (o -o) interfaz de protocolo -p --sport [startingPort
[: port_fin] [, autre_port ...]] dport [startingPort [: port_fin] [, autre_port]]
-s -d adresse_source adresse_dest política j
```

Por supuesto, hay muchas otras opciones.

Crear y aplicar reglas

Todos los comandos de iptables se escriben directamente en la línea de comandos de la terminal. Es más práctico para incluirlos en un archivo de script y hacer el script ejecutable (chmod + x). Dar sólo los derechos mínimos a ese archivo para que no pueda ser leída y modificada por todo el mundo. File Ejemplo:

```
#! / Bin / sh
# Claras todas las reglas en primer lugar, a partir de una basado

# propietario y saber exactamente lo que está haciendo
iptables -F

# Establecer una política por defecto es el más normal de todos prohibir por

# por defecto y permitir que sólo ciertos paquetes.
# "Drop" gotas paquetes, "RECHAZO" rechaza con absolución el remitente

# menudo pone "DROP" a la entrada (no damos información
un
# posible pirata) y "RECHAZO" para la salida y FORWARD (una lata asi que

# recuperar información acerca de sí mismo) pero no permite a los iptables RECHAZO
```

```
#  la política por defecto iptables -P
DROP iptables -P OUTPUT DROP
iptables -P FORWARD DROP
```

```
#  Permitir el tráfico en la interfaz de bucle de retorno: -A INPUT
j ACCEPT
iptables OUTPUT -o lo -j ACCEPT
#
#  Luego le toca a usted para poner las reglas para hacer función
```

```
#  los servicios que desea utilizar en su máquina.
```

Algunos ejemplos

Para vaciar la cadena de entrada de la tabla de filtro (la tabla por defecto):

> INPUT iptables --flush

La política por defecto es aceptar todos los paquetes, que suele ser una mala elección para la seguridad.

Para cambiar esta regla a la cadena FORWARD de la tabla de filtros:

> iptables -P FORWARD DROP

Para pasar los paquetes en Puerto *telnet* procedente de una LAN (Forma larga):

> INPUT iptables --append --protocol --destination tcp port telnet --source 192.168.13.0/24 --jump ACCEPT

Hacer caso omiso de los otros paquetes entrantes en Puerto (software) | puerto*telnet* (Forma corta):

> -A INPUT -p tcp iptables --dport telnet j DROP

Para rechazar los paquetes entrantes en el Puerto 3128, a menudo utilizado por *proxies* :

> -A INPUT -p tcp iptables --dport 3128 -j REJECT To allow telnet

to your machine (telnet server):

> -A INPUT -p tcp iptables --dport telnet j ACCEPT iptables -A
> OUTPUT -p tcp telnet --sport j ACCEPT

Para permitir telnet desde su máquina (cliente Telnet):

> iptables OUTPUT p tcp telnet --dport j ACCEPT iptables -A INPUT -
> p tcp telnet --sport j ACCEPT

NAT de destino:

iptables -t nat -A PREROUTING -p tcp --dport 80 -j DNAT --to 192.168.0.1

El caso de FTP

FTP es difícil de manejar con un cortafuegos ya que utiliza múltiples conexiones. Cuando se conecta a través de FTP a un servidor, hemos creado una denominada conexión de control para enviar comandos al servidor. Luego, para cada transferencia de archivos y cada listado del directorio, se crea una nueva conexión de datos.

El servidor de seguridad muy bien puede manejar la conexión de control, pero no los de la transferencia, ya que están hechos de puertos indeterminadas. En algunos servidores FTP se pueden establecer una serie de puertos de usar, y en este caso puede ser NAT simple.

También es posible utilizar el "ftp conntrack". Es un módulo que inspecciona las conexiones de Netfilter FTP de control para detectar las conexiones de datos. Él entonces le dice al núcleo que estas conexiones están vinculados a otra conexión (relacionados). Para activar estas conexiones con iptables utilizando el módulo de estado.

Esto requiere ip_conntrack_ftp módulo de carga

modprobe ip_conntrack_ftp

Y autorizar las conexiones relacionado para la entrada y salida:

iptables INPUT -m state --state RELATED -j ACCEPT iptables -A OUTPUT -m state --state RELATED -j ACCEPT

Administración de Redes con Linux / TCP Wrapper

El super servicio inetd para controlar y restringir el acceso a determinados servicios de red. Estos son administrados por inetd y ya no en un "independiente" modo son.

Inetd usa daemon tcpd que intercepta las peticiones de conexión a un servicio y comprobar a través de la hosts.allow y hosts.deny si se permite al cliente para utilizar este servicio. En las versiones actuales de Linux, que se instala por defecto. Por contra, no es activo en su control de acceso de terceros.

Inetd es un elemento para poner en práctica para asegurar una máquina que ejecute Linux, puede que no, sin embargo, reemplazar completamente un servidor de seguridad real.

El principio

Cuando se desea conectar a un equipo remoto con telnet por ejemplo, inetd intercepta su solicitud de conexión y controles en inetd.conf si el servicio telnet es utilizable. Si la respuesta es positiva, su aplicación se pasa a tcpd que comprueba en hosts.allow y hosts.deny si usted tiene el derecho de iniciar sesión telnet, si este es el caso se permitirá su solicitud de conexión, de lo contrario se rechaza. En todos los casos, y este es otro tcp_wrappers función, tcpd adelante a syslog (demonio de registro) su solicitud (esta solicitud será en el registro, / var / log / seguridad).

La instalación

Por defecto se instala con la mayoría de las distribuciones, pero si se instala el paquete:

tcp_wrappers-x ..... rpm. Tcp_wrappers utiliza los siguientes archivos: tcpd, inetd, inetd.conf, hosts.allow, hosts.deny, tcpdchk, tcpdmatch.

Configuración: inetd.conf

Este archivo se encuentra en / etc Usted puede activar o desactivar los servicios de aquí, la colocación de una # delante de la línea o retirarlo, y luego forzando la lectura del archivo con el comando killall -HUP inetd. Es posible añadir otros servicios en este archivo.

He aquí uno comentó:

```
# Version: \ @ (#) / etc / inetd.conf
# The first lines are used by inetd
#
#echo stream tcp nowait root internal
#echo       dgram     udp       wait      internal root
#discard         stream    tcp       nowait      internal root
#discard         dgram     udp       wait      internal root
#daytime         stream    tcp       nowait      internal root
#daytime         dgram     udp       wait      root      internal
#chargen         stream    tcp       nowait      root      internal
#chargen         dgram     udp       wait      root      internal
#time       stream    tcp       nowait      root      internal
#time       dgram     udp       wait      root      internal
#
#ftp and telnet are two widely used services.
#lls are not especially secure. telnet can be remplacépar SSH is much more secure.
#
# ftp          stream    tcp nowait      root      / Usr / sbin / tcpd
in.ftpd telnet        stream tcp       nowait      root      / Usr / sbin / tcpd
in.telnetd
#
#Shell, login,      exec and talk are comsat      BSD protocols.
#Essayez not      not use them.
#lls contains holes at                Security.
# shell        stream tcp nowait      root / usr / sbin / tcpd
in.rshd login stream tcp nowait root / usr / sbin / tcpd in.rlogind
#exec stream      tcp nowait      root / usr / sbin / tcpd in.rexecd
#comsat dgram udp wait      root / usr / sbin / tcpd in.comsat
udp talk gram      nobody.tty wait / usr / sbin / tcpd in.talkd
ntalk dgram      udp wait      nobody.tty / usr / sbin / tcpd in.ntalkd
#dtalk stream tcp wait nobody.tty / usr / sbin / tcpd in.dtalkd #

# POP3 and IMAP are mail servers.
# To activate only if you use them.
# forget pop2
# 2 pop-stream        tcp nowait root
```

/ Usr / sbin / tcpd ipop2d

Pop-3 stream   tcp nowait root

/ Usr / sbin / tcpd   ipop3d

#imap stream   tcp nowait root

/ Usr / sbin / tcpd   imapd

#

#The UUCP service is a way to send files between machines.

#The service is practically no longer used.

#Evitez use.

#uucp stream   tcp   nowait   uucp

/ Usr / sbin / tcpd / usr / lib / uucp / uucico -l

#ftp and bootp are used to allow machines

Clients who do not have

boot disk, receive an IP address to load the system. #TFTP do not have authentication

system it

#est a huge security hole. # You must absolutely avoid using

tftpdgram udpwaitroot

/ Usr / sbin / tcpd in.tftpd

Bootps dgram udp wait root / usr / sbin / tcpd bootpd #Finger, cfinger, systat

and netstat are not

dangerous in themselves, but they

provide information on accounts and #utilisateurs your

system.

#He so does not use them.

finger stream tcp nowait nobody / usr / sbin / tcpd in.fingerd #cfinger stream

tcp nowait root / usr / sbin / tcpd in.cfingerd #systat stream tcp nowait guest /

usr / sbin / tcpd / bin / ps -auwwx

#netstat stream tcp nowait guest / usr / sbin / tcpd   / Bin / netstat -f inet

Auth Authentication Service provides information about the user auth stream tcp wait root

/usr/sbin/in.identd in.identd -e -o

end of inetd.conf linuxconf stream tcp wait root / bin / linuxconf linuxconf --http

El # delante de una línea hace que la línea de espera, por lo que el servicio no disponible. Si no utiliza un servicio, visite el inactivo.

He aquí una descripción de algunas de las opciones. Considere la siguiente línea:

secuencia FTP raíz tcp nowait / usr / sbin / tcpd in.ftpd

- **ftp:** nombre del servicio, como se declara en / etc / services
- **corriente:** tipo de servicio de transporte de datos (hay tcp corriente, udp para dgram, prima para IP)
- **TCP:** nombre del protocolo, tal como existe en / etc / protocols
- **Espere:** estado de espera, si el estado es esperar inetd debe esperar hasta que el servidor ha devuelto la toma antes de reanudar la escucha. Se utiliza en lugar esperar con tipos dgram y cruda. Alternativamente nowait que permite asignar dinámicamente sockets para su uso con los tipos de flujo.
- **raíz:** nombre de usuario en la que el demonio se vuelve

- **/ Usr / sbin / tcpd in.ftpd** Ruta al programa in.ftpd lanzado por inetd (es posible aquí para añadir opciones de inicio del programa.

Hosts.allow y hosts.deny

Va a encontrar estos archivos en el directorio / etc.

El primer archivo se lee hosts.allow y hosts.deny. Si una solicitud está permitido en hosts.allow, mientras que se acepta, sea cual sea el contenido de hosts.deny. Si una solicitud no cumple con cualquier regla, ya sea en hosts.allow o hosts.deny entonces está permitido. En una palabra, si usted no pone nada en hosts.deny, entonces no tienes nada.

He aquí un pequeño ejemplo en casos sencillos es suficiente:

hosts.allow

```
#  hosts.allow
ALL: LOCAL
in.ftpd: 192.168.0, 10.194.168.0 / 255.255.255.0, 192.168.1.1.
in.telnetd: .iut.u-clermont1.fr
```

Permite que todos los puertos de acceso local, y por FTP a las máquinas de la red 192.168.0.0 y las máquinas de 10.194.168.0 red con otra anotación y, finalmente, la única máquina que tiene la dirección 192.168.1.1

hosts.deny

```
# hosts.deny
ALL: ALL
```

Hosts.deny es fácil de entender, que prohíbe cualquier defecto. Hosts.allow indica los servicios que desea permitir (El nombre del servicio debe coincidir con el nombre que se encuentra en inetd.conf). la sintaxis es:

daemon [, demonio ...] cliente [como, ...] [: opción: opción ...]

Esta sintaxis es la misma en ambos archivos hosts.allow y hosts.deny.

Utilidades envolturas TCP

- tcpdchk -av: muestra las envolturas Configuración TCP
- tcpdmatch localhost in.ftpd para simular una conexión en in.ftpd

ver xinetd equivalente de tcp_wrappers, pero con más opciones.

Administración de Redes con Linux / Tcpdump

En un concentrador Ethernet conectados por una red (o concentrador), cada máquina recibe todos los paquetes que viajan por la red. En funcionamiento normal, el NIC aprobará sólo los paquetes destinados para ellos, pero podemos garantizar que superan todos los paquetes al sistema.

Ejes se utilizan cada vez menos. Por lo general son reemplazados por interruptores (o interruptor) que puede determinar (basados en direcciones MAC) del cable que se necesita para enviar un paquete. Las máquinas por lo tanto, en general, reciben los paquetes destinados para ellos.

La utilidad tcpdump para inspeccionar los paquetes que se reciben y se transmiten mediante una tarjeta de red.

filtración

Puede seleccionar los paquetes de "escuchar" sobre la base de las expresiones. Por lo tanto no se mostrará / procesada la información para la que se comprueba el resultado de la expresión. Una expresión consiste de primitivas y operadores lógicos.

Una primitiva es un identificador precedido por palabras que indican el tipo del identificador. Por ejemplo el puerto src original de 21 contiene los siguientes elementos:

* palabra clave src que indica que el identificador cubre sólo la fuente de paquetes
* el puerto de palabras clave que indica que el identificador es el paquete portuario
* el identificador 21

La primitiva corresponde al puerto de origen 21.

Del mismo modo, el éter src primitiva 00: 11: 22: 33: 44: 55 indica la dirección de Ethernet (o MAC) fuente 00: 11: 22: 33: 44: 55.

Las primitivas más comunes son:

src <dirección>
> la dirección de origen es <dirección>

dst <dirección>
> la dirección de destino es <dirección>

host <dirección>
> la dirección de origen o destino es <dirección>

port <puerto>
> el puerto de origen o destino es <puerto>

src port <puerto>
> puerto de origen <puerto>

dst port <puerto>
> el puerto de destino <puerto>

portrange <port1> - <port2>
> el puerto está entre <port1> y <port2>. Podemos identificar el origen de palabras clave src o dst y protocolo con el TCP o UDP palabras clave.

Las primitivas pueden vincularse con los operadores lógicos AND, OR y NOT. Por ejemplo, la siguiente expresión da como resultado todos los paquetes desde pequeño, pero el puerto no es el puerto ssh:

src puerto muy pequeña y no ssh

También es posible especificar un protocolo: UDP, TCP, ICMP.

opciones

Varias opciones para modificar el comportamiento de tcpdump:

-i <interface>

    selecciona la interfaz de red en el que escucha tcpdump. Por defecto se toma el primer activa (excepto lo).

-X

    también muestra los datos que se encuentran en los paquetes, en hexadecimal

-X

    muestra los paquetes de datos en formato ASCII

-s <número>

    Por defecto, sólo se muestran los primeros 68 bytes de datos. Este parámetro se puede cambiar este número.

-w

    para especificar la ruta de un archivo donde guardar el volcado.

Ejemplos

tcpdump src 192.168.0.1

En este caso, los paquetes sólo se enumeran son los de 192.168.0.1. También podemos afirmar nuestras preferencias mediante la adición de un criterio:

tcpdump src 192.168.0.1 and port 80

Allí, el único puerto de interés es 80 (http).

Aquí es una línea completa que realmente permite que los paquetes de 192.168.0.1 a 212.208.225.1, el puerto 53 UDP.

tcpdump -X -s -x 0 src and dst 192.168.0.1 212.208.225.1 and port 53 and udp

Le preguntamos a la pantalla el contenido del paquete en formatos hexadecimal y ASCII (-X -X) y que, cualquiera que sea su tamaño (-s 0). Obtenemos la información deseada:

```
0x0000:    4500  003b  0000  4000  4011 CA00 c1fd d9b4     E ..; .. @ @ ........
0x0010:          c1fc 1303  80A1  0035  0027 213d  14C2    0100  ....... 5. '! = ....
0x0020:    0001  0000  0000  0000  0377 7777  056C   696a  ......... www.lin
0x0030:    7578   036f  7267  0000  0100 01               ux.org .....
```

Administración de Redes con Linux / SSH

SSH significa shell seguro. Este es un protocolo que permite conexiones seguras (es decir cifrados) entre un servidor y un cliente de SSH.

Se puede utilizar para conectarse a una máquina remota como telnet, para transferir archivos de forma segura o para crear túneles. Los túneles permiten protocolos seguros de que no están pasando los datos a través de una conexión SSH.

El sistema de claves SSH

criptografía asimétrica

SSH utiliza criptografía asimétrica RSA o DSA. En la criptografía asimétrica, cada persona tiene un par de claves: una clave pública y una clave privada. La clave pública se puede publicar libremente, mientras que todo el mundo debe mantener su clave privada secreta. El conocimiento de la clave pública no permite deducir la clave privada.

Si la persona A quiere enviar un mensaje confidencial a la persona B, Una cifra el mensaje con la clave pública de B y envía a B en un canal que no está necesariamente seguro. Sólo B puede descifrar el mensaje con su clave privada.

criptografía simétrica

SSH también utiliza la criptografía simétrica. El principio es simple: si A quiere enviar un mensaje confidencial a B, A y B primero debe tener la misma clave secreta. Una cifra el mensaje con la clave secreta y lo envía a B en un canal que no está necesariamente seguro. B descifra el mensaje con la clave secreta.

Cualquier otra persona en posesión de la clave secreta puede descifrar el mensaje.

La criptografía simétrica es mucho menos recursos de uso intensivo del procesador que la criptografía asimétrica, pero el gran problema es el intercambio de la clave secreta entre A y B. En el protocolo SSL, que es utilizado por los navegadores Web y SSH, la criptografía asimétrica se utiliza en el comienzo de la comunicación de modo que a y B pueden intercambiar una clave secreta de un modo seguro, y luego, posteriormente, la comunicación está asegurada por la criptografía simétrica utilizando la clave secreta intercambiados.

Configuración del servidor SSH

Para manipular el demonio (iniciar, detener, recargar la configuración ...), utilice el comando

/etc/init.d/ssh

El archivo de configuración del servidor SSH es / etc / ssh / sshd_config. No se debe confundir con / etc / ssh / ssh_config es el archivo de configuración del cliente SSH.

Entre las muchas opciones, se puede destacar:

- **El puerto 22:** Significa que el servidor SSH en el puerto 22, que es el puerto SSH normal. Es posible hacer escuchar a otro puerto cambiando esta línea.
- **Protocolo 2:** Significa que el servidor SSH sólo soporta la versión 2 del protocolo SSH. Es una versión más seguro que la versión del protocolo 1. Para aceptar los dos protocolos, cambie la línea: Protocolo 2.1
- **PermitRootLogin no:** Significa que no puede entrar como root a través de SSH. Para iniciar la sesión como root, sólo tiene que conectar el usuario normal y utilizar el comando su.
- **X11Forwarding sí:** Autoriza la transferencia SSH pantalla gráfica.
- **LoginGraceTime 600:** Máximo tiempo de conexion

- **RSAAuthentication sí:** Método de autentificación.
- **AuthorizedKeysFile .ssh / authorized_keys** de archivo utilizado para 'auto login'
- **PermitEmptyPasswords No:** permite o no la contraseña vacía

Si el archivo de configuración del servidor ha cambiado, indique el demonio sshd para volver a leer su archivo de configuración, con el comando /etc/init.d/ssh reinicio.

Si SSH logguer

Son posibles dos tipos de autenticación: por contraseña y clave. En ambos casos se utilizan los siguientes comandos:

ssh -l <login> <dirección del servidor SSH>
ssh <login> @ <dirección del servidor SSH>

autenticación de contraseña

Este es el método más simple. Cuando se conecta, el cliente ssh solicitar la contraseña de la cuenta. En este caso, SSH encripta la contraseña que impide ver circulan en claro en la red.

autenticación de clave

En lugar de autenticación con una contraseña, los usuarios pueden autenticarse a través de la criptografía asimétrica y el par de claves pública / privada, al igual que el servidor SSH para el cliente SSH. La clave pública se coloca en el servidor en el inicio de la cuenta en la que desea conectarse. La clave privada se mantiene en el cliente. En este caso, no hay ninguna contraseña está circulando en la red.

generar clave

Para generar un par de claves, utilice el comando:

ssh-keygen -t dsa

Se generarán dos claves, una clave pública (por defecto ~ / .ssh / id_dsa.pub) y una clave privada (por defecto ~ / .ssh / id_dsa). Esta es la clave pública que se copia en el servidor.

Las claves generadas tienen una longitud predeterminada de 1.024 bits, lo que ahora se considera suficiente para una buena protección.

El comando pide un nombre de archivo para guardar la clave privada y un nombre de archivo para guardar la clave pública. Por defecto, la clave privada se almacena en el archivo $ HOME / .ssh / id_dsa.

La clave privada se guarda con permisos 600. La clave pública tiene el mismo nombre de archivo seguido de ".pub" con permisos 644.

Al crear la clave, el programa solicita una frase que es una contraseña para proteger la clave privada (segunda ley). La frase de paso se utiliza para cifrar la clave privada. Se pedirá a la frase de paso cada vez que la clave privada, es decir, cada vez que inicie sesión en el uso de este método de autenticación. Un mecanismo llamado ssh-agent permite no introducir la contraseña cada vez (ver la documentación).

Es posible cambiar la frase de contraseña que protege la clave privada con el comando ssh-keygen -p.

Permitir que la clave pública

Para permitir una tecla para iniciar sesión en una cuenta, lugar $ HOME / su parte del público en el archivo si .ssh / authorized_keys de la cuenta en cuestión, en el servidor SSH. desea conectarse servidor   de   Sasa   en   la   cuenta,   el   archivo   es /home/sasa/.ssh/authorized_keys.

Para transferir la clave pública, puede utilizar ftp, scp (copia de archivos a través de SSH), o una simple copia / pegar entre dos terminales (es sólo una larga lista de caracteres ASCII).

Cada línea de authorized_keys corresponde a un archivo de clave pública que puede conectarse.

Compruebe que cada tecla es una línea, de lo contrario no funciona.

$ HOME / .ssh 'debe ser protegido contra escritura, con permisos 755 (o 705). Del mismo modo, el archivo authorized_keys no debe ser legible por todos (por ejemplo, 600).

Entonces, para registrar, simplemente proceder como anteriormente.

Si la clave privada se registró en otro archivo $ HOME / .ssh / id_dsa debe especificar el cliente ssh:

ssh -i <nombre del archivo que contiene la clave privada> <login> @ < server >

agente de SSH

Un agente de SSH es un programa que realiza un seguimiento de las claves privadas. El principio es:

• Se lanza un agente
• añadimos clave (si se encripta la clave, se descifra con la frase de contraseña antes de ser agregado)
• cada ssh, la clave del agente se utilizan en prioridad

Las principales ventajas son:

• Se solicita la contraseña sólo una vez cuando se añade al agente,
• y el agente es capaz de seguir la llave en múltiples conexiones.

Para iniciar un agente generalmente se utiliza un comando que se parece a:

ssh-agente / bin / bash

El agente de SSH iniciar un nuevo shell ("/ bin / bash") en la que estará activo. Será utilizarse a partir de este depósito y los programas que serán lanzados allí.

Para añadir se utiliza una clave

ssh-add [<archivo>]

Si no se especifica un archivo, se utilizará la clave por defecto ("~ / .ssh / id_dsa" para SSH 2).

Si se encripta la clave, se le pedirá la contraseña y se añadirá la clave descifrada para el agente.

Todas las conexiones SSH (con ssh, scp ...) puesto en marcha a partir de esta cáscara utilizarán el agente y por lo tanto requieren más la frase de contraseña.

Crear un "túnel" cifrado entre dos estaciones

SSH también es capaz de proporcionar el cifrado para otros servicios (por ejemplo, FTP) a través del reenvío de puertos.

(-L y -R opciones en el comando ssh), como sigue:

Considere dos estaciones HOST1 y HOST2. Supongamos que la máquina HOST1 utiliza el comando:

ssh -L P1: P2 HOST2 HOST2

o HOST2:

ssh -R P1: P2 HOST2 HOST1

a continuación, se obtiene un túnel seguro a través del cual puede pasar cualquier conexión, que se cifra automáticamente.

En HOST1 p1 ssh -L: HOST2 HOST2 p2 significa que cuando se conecta al puerto p1, los paquetes se transmiten al puerto P2 de la máquina a través HOST2 HOST2.

Administración de Redes con Linux / Enrutamiento

Las direcciones IP y MAC

Cada interfaz de cada equipo será identificado por

- Dirección IP: Dirección IP (versión 4, IP V 4) identifica un host y una subred.
  La dirección IP se codifica más de 4 bytes - 32 bits. (IP V 6 o IP de próxima generación será codificada en 16 bytes - 128 bits).
- La dirección MAC de su tarjeta de red (tarjeta Ethernet o tarjeta inalámbrica) de 6 bytes - 48 bits;

Una dirección IP identifica un host. Una pasarela es un ordenador que tiene varias interfaces y transmite los paquetes de una interfaz a otra. La puerta de enlace puede comunicarse y diferentes redes. Cada tarjeta de red tiene una dirección MAC única garantizada por el fabricante. Cuando un equipo tiene varias interfaces, cada uno con su propia dirección MAC y la dirección IP. Podemos ver su configuración de red ifconfig:

```
$ Ifconfig eth0
eth0        Link encap: Ethernet HWaddr 00: B2: 3A: 24: F3: C4
            inet addr: 192.168.0.2 Bcast: 192.168.0.255 Mask: 255.255.255.0
            inet6 addr: fe80 :: 2C0: 9FFF: fef9: 95b0 / 64 Scope: Link
            UP BROADCAST RUNNING MULTICAST MTU: 1500 Metric: 1
            RX packets: 6 errors: 0 dropped: 0 overruns: 0 frame: 0
            TX packets: 16 errors: 0 dropped: 0 overruns: 0 carrier: 5
            collisions: 0 txqueuelen: 1000
            RX bytes: 1520 (1.4 KiB) TX bytes: 2024 (1.9 KiB)
            Interrupt: 10
```

Vemos la dirección MAC 00: B2: 3A: 24: F3: C4 y la dirección IP 192.168.0.2. Esto significa que el primer byte de la dirección IP es igual a 192, el segundo 168, el tercer byte es cero, y el cuarto es 2.

subredes

clases subredes

Hasta la década de 1990, las direcciones IPv4 se organizaron en subredes. Cada subred tiene una dirección, que es parte de la dirección IP de la máquina que subred.

Por ejemplo, la dirección IP 192.168.4.35 pertenece a la subred 192.168.4, 192.168.4.0 a veces también se indica.

Las subredes se organizan en clases. Cada subred de clase corresponde a las redes que pueden contener un número de máquinas.

- Clase A: Las direcciones de 1.0.0.0 a 127.0.0.0. El identificador de red es entonces de 8 bits y las ID de máquinas son 24 bits (varios millones de unidades por subred;
- Clase B: 128.0.0.0 de direcciones a 191.255.0.0. El identificador de red es entonces de 16 bits y los identificadores de la máquina son de 16 bits (más de 65 000 máquinas por subred);
- Clase C: direcciones desde 192.0.0.0 hasta 223.255.255.0. El identificador de red es entonces de 24 bits y las

  ID de máquinas son 8 bits (en la mayoría de 254 máquinas por subred, numerados del 1 al 254);

Máscara de subred

Una máscara de subred es un hecho en 4 bytes, con la dirección de la subred, caracteriza el IP de subred.

Un poco de la máscara de subred es 1 si para todas las direcciones IP de la subred, el mismo bit es la misma para la dirección IP y la subred.

Por ejemplo, para la red de clase A 37.0.0.0 con la máscara de subred 255.0.0.0, los primeros 8 bits de todas las direcciones de subred IP valen 37.

Otro ejemplo para la clase de subred C 193.56.49.0 y 255.255.255.0 máscara de subred, los primeros 24 bits de todo el IP de subred es 193.56.49.

Se puede designar una dirección de sub-red y la máscara, pero también se puede designar la subred dando sólo el número de bits de la máscara. Esto se llama, para utilizar los dos ejemplos anteriores, la subred 37.0.0.0/8 o 193.56.49.0/24 subred.

enrutamiento

Enrutamiento permite la comunicación a través de subredes. Una puerta de enlace (gateway en Inglés) está en comunicación con diferentes subredes en diferentes interfaces y proporciona la comunicación entre diferentes subredes (véase la Figura 8.1).

rutas

Un camino situado en una estación es un camino para ser tomada por paquetes a una cierta subred. Por ejemplo (véase la Figura 8.1) una estación llamada estación 1 de 112.65.77.8 dirección IP en una red 112.0.0.0/8.

(8.1 Fig. Ejemplo de puerta de enlace que comunica dos redes)

Está conectado a una puerta de enlace que tiene la IP 112.65.123.3 en esta red en su eth0. La puerta de enlace también está conectado a la red 192.168.0.0/24 través de su interfaz eth1 que tiene 192.168.0.1 IP. Si la estación 1 desea comunicarse directamente con la estación llamada estación 6 de la dirección IP 192.168.0.2 en la red 192.168.0.0/24, se deben cumplir tres condiciones;

- Un camino se debe definir en la estación 1 que indica que los paquetes destinados a la red 192.168.0.0/24

  deben pasar a través de la puerta de enlace 112.65.123.3. Para ello, puede utilizar el comando de la ruta:

route add -net 192.168.0.0/24 gw 112.65.123.3

* Un camino se debe definir en la estación 6 que indica que los paquetes a la red 112.0.0.0/8 deben pasar a

   través de la puerta de enlace 192.168.0.1; Para ello, puede utilizar el comando de la ruta:

route add gw 192.168.0.1 -net 112.0.0.0/8

* La puerta de enlace debe estar configurado para transmitir (o promotor) los paquetes IP de una red a otra,

   que se realiza por uno de los siguientes comandos (ambos son el mismo, no hay necesidad de repetir):

echo 1> / proc / sys / net / ipv4 / ip_forward

sysctl -w net.ipv4.ip_forward = 1

Nota: Debe repetir estos comandos después de un reinicio. Para evitar revivir estos comandos manualmente, puede ponerlos en el maletero secuencias de comandos comienzan con el update-rc.d (debian)). Para agregar una secuencia de comandos para MY_ script de inicialización:

mv /etc/init.d my_script

incumplimientos update-rc.d my_script

Si el reenvío IP se activa a través de uno de sysctl, el archivo de configuración estándar de este parámetro es /etc/sysctl.conf, donde la línea ya está comentario.

Se puede ver el estado de las carreteras con el grupo -N ruta de comandos. Por ejemplo, la estación 1:

route -n

Destination	Gateway	Genmask	Flags	Metric Ref	use Iface
192.168.0.0	112.65.123.3	255.255.255.0	U	0 0	0 eth2
etc ...					

En la estación 6

route -n

Destination	Gateway	Genmask	Flags	Metric Ref	use Iface
112.0.0.0	192.168.0.1	255.0.0.0	U	0 0	0 wlan0
etc ...					

Para eliminar una ruta, por ejemplo, para 193.86.46.0/24 196.24.52.1 red a través de una puerta de entrada, que es:

route del -net 193.86.46.0/24 gw 196.24.52.1

ruta predeterminada (puerta de enlace)

Cuando definimos una serie de rutas en una estación, se puede definir una ruta especial para los paquetes IP à destino para el que no hay otras redes de carreteras. Llamamos a tal vía una ruta por defecto. En general, este es el camino que se debe utilizar para conectarse a Internet. Usamos la red 0.0.0.0 (máscara 255.255.255.255). Para configurar una ruta por defecto es pequeña carretera ocasión. Por ejemplo, para establecer la ruta predeterminada a través de la puerta de enlace 194.56.87.1:

route add default gw 194.56.87.1

Para eliminar este camino:

route del default gw 194.56.87.1

NAT y el enmascaramiento

Cuando un host con una dirección IP en una red local intenta conectarse a una red más grande, por ejemplo en Internet, a través de una puerta de entrada, el huésped necesita una dirección IP en la vasta red. Para esto, o bien se les pide a las direcciones de LAN que se encamina en la red global, pero entonces deben aplicarse a reservar un rango de direcciones en la red mundial, es el administrador de la pasarela tiene la capacidad de pago de puerta de enlace IP de las máquinas de la red local . Para ello, se utiliza iptables con NAT. Por ejemplo, si la puerta de entrada se conecta a Internet a través de su eth0, basta con ejecutar el siguiente comando en el puente:

iptables -t nat -A POSTROUTING -o eth0 -j MASQUERADE

Cada máquina en la red local (por ejemplo 192.168.0.0/24) que se conecta a Internet a través de esta puerta de enlace tendrá entonces la dirección IP de la pasarela en Internet. También puede dar a las máquinas de la LAN otra dirección IP que especifique con -to:

iptables -t nat -A POSTROUTING -o eth0 -j SNAT --a 193.56.17.9

Vamos a tener una visión completa de las oportunidades de iptables en la literatura Netfilter.

redirección

También es posible cambiar el destino de un paquete. Esto es útil cuando se desea ocultar una máquina detrás de otro: el cliente se conecta a un servidor que enviará todos los paquetes a otro. Para el cliente es transparente, es como si fuera el primer servidor que respondió. Esto se llama el Destination NAT (DNAT). Ejemplo para redirigir todos los puertos 22 conexiones al servidor 192.168.1.12:

iptables -t nat -A PREROUTING -p tcp --dport 22 -j DNAT --a 192.168.1.12

www.ingramcontent.com/pod-product-compliance
Lightning Source LLC
Chambersburg PA
CBHW061053050326
40690CB00012B/2610